Petit traité de survie poétique en milieu hostile

J'ouvre les portes…

J'ouvre les portes…

Petit traité de survie poétique en milieu hostile

Nicolas Coulon

© 2022 Nicolas Coulon

Édition : BoD – Books on Demand, info@bod.fr

Impression : BoD – Books on Demand, In de Tarpen 42,

Norderstedt (Allemagne)

Impression à la demande

ISBN : 978-2-3224-3802-0
Dépôt légal : Juin 2022

GRAND-MÈRE

Toutes les secondes que l'océan a caressées
Vagues après vagues,
Rides après rides.
Grand-mère
Cette gentillesse douce
Ces mains de bonne personne,
Toujours afférées.
Grand-mère,
Et le soleil ambré de l'Anjou en automne.
"Mes lilas sont coupés
Nous n'irons plus au bois"
Comme une chanson que tu chantais
Quand j'étais petit et qu'il faisait si peur…
Grand-mère,
Tous les loups de la vie sont à mes basques maintenant,
Toutes les peurs.

Dans tous les cris du monde
Il y a des peurs
Des peurs du loup
De la nuit
Des frémissements inégaux
Des terreurs

C'est comme cela que l'on construit aussi
Sur les poussières passées
Les cendres
Sur les temps enfuis.

Dans tous les cris du monde
Il y a des peurs
Dans tous les cris du monde
Il y a des graines
Nos larmes les arrosent
Des fleurs exploseront.

    Tous les enfants du monde
    Le soir
    Au coin du feu
    Se racontent les peurs
    Comme un tout petit bruit dans la nuit…

Toutes les vagues du monde
En caressant les souvenirs languissants
De notre aquaphylie
Nous ramènent à la grève
De nos souvenirs perdus.
Que de nostalgie se dit le rêveur.
Pourtant, dehors, le soleil est rieur,
Juste rieur,
Juste.
Soleil juste,
Ciel bleu,
Tout va bien
Tout est pour le mieux,
Tout est.
Pourquoi vouloir quantifier, qualifier, normaliser ?
Quand tout est juste
Toutes les vagues du monde
Effacent nos pas sur la grève.

Je suis vivant,
J'ai en moi la totalité des possibles humains,
Je suis vivant,
Comme un cri unique,
Je suis vivant,
Flamme de bougie éternellement fragile,
Soufflée régulièrement par les despotes
Imbéciles,
Les dogmes stigmatisant la règle inhumaine
Je suis vivant,
Je ne veux pas mourir.

La course,
La course dans le vent,
Les deux pieds posés sur cette mécanique magique,
Les cheveux qui filent derrière,
Loin derrière,
Le faufilement agile parmi les théories automobilistiques,
Le feu rouge que l'on passe par les zèbres piétons,
Le cœur qui tape,
Comme en un souffle amoureux.
Et j'ai filé ainsi,
Les roues filant le macadam,
Tout en pensant à vous, ma dame,
Le sourire sur les lèvres,
L'espoir au chaud du ventre,
La petite folie, ma dame,
De croire
En ce partage étrange et merveilleux
Etre avec vous est si doux, si fou,
Si charme,
Que je peux vous nommer,
Caressant le sourire et rejetant les peines,
Vous êtes bien l'égal de la petite reine,
Ma dame.

Peu de choses à raconter.
Le monde continue de tourner
Les vendeurs de vendre
Les consommateurs de consommer
Des enfants continuent de gonfler
Leurs ventres affamés
Par la trop pleine absence de nos supermarchés,
Des familles entières sont déplacées
Par des conflits
Des intérêts très financiers.

Peu de choses à raconter.
Ce matin, j'ai vu au loin
Dans cette brume du réveil
Un rayon d'soleil…

Peu de choses à raconter.
Le monde continue de tourner
Malgré nos jolis vœux
D'amour et de fraternité.

Peu de choses à raconter
Si ce n'est le plaisir avoué
D'être ami, amant, amour,
Tout doucement au cœur du jour
Alors que dehors le monde
Continue de rouler
Ivre mort de fatuité.

Peu de choses à raconter.
Les mots sont fous de vouloir
Tout expliquer.

Peu de choses à raconter.

Un enfant sage n'est pas un enfant heureux
Un enfant sage fait correctement ce qu'on lui dit
Avec la raie sur le côté
Le bon pli de la jupe
Il se couche à l'heure des parents
Il lit à l'heure des parents
Il vit la vie des parents
Un enfant sage n'est pas un enfant heureux

Un enfant heureux a les joues rouges
Le cri fort des pirates
Des monstres sous son lit
Du sable plein les yeux
Au moment de l'histoire.
Un enfant heureux fatigue les parents
Jusqu'au cri du "ça suffit"
Il pousse les murs de la vie
Pour agrandir le monde.
Il fait voyager
Au-delà de soi-même
Par les fièvres et les colères
Les câlins et les tristesses.

Un enfant n'est jamais sage
Il apprend.
Un jour, sûrement,
Il sera sage,
Mais il ne sera plus vraiment enfant
Pour le moment être un enfant
Est amplement suffisant
Cela prend déjà tout son temps.

Un enfant sage n'est pas un enfant heureux
C'est juste un rêve de parent.
Qu'il est bon d'avoir des rêves pour ses enfants...

Tes yeux

Mes yeux

Tes yeux dans mes yeux

Mes yeux dans tes yeux

Cela manque.

Bonne nuit,

L'autre.

Demain
Reste à réinventer
Alors courir
Rêver
Chanter
Sourire

Et puis mourir, sans trop souffrir,

Sans trop souffrir.

Vivre

Courir, chanter, rêver,
Ne pas se laisser amadouer par les jolies phrases policées
Les arguments notariés de nos contemporains
Aimer
Se révolter pour une plume de geai froissée
Aller
Droit devant soi
Le cœur en fête
Rire
De la chaleur et du bonheur.

Je vais mourir un jour
Une nuit
Je suis perdu
Le monde est vaste
Trop vaste pour moi.
Je ne suis qu'une poussière d'étoile
Un p'tit crachat de rien
Pas de quoi fomenter une révolution
Fut-elle astronomique
Même l'humilité que je me fabrique
N'est qu'un vêtement de société
Un masque qui m'évite de regarder ce grand vide
autour de moi
J'aimerais tant que tout cela ait un sens
Ne soyons pas naïf.

Tu as les yeux fatigués ce matin
Fatigués par une nuit mouvante
Tu as même un sourire ce matin
Un sourire qui en dit long
Cela me fait penser à ces gens
Que l'on voit quelquefois tôt
Arriver
Surgissant du noir de la nuit
Ces gens ont les rides de ceux qui ont œuvré
Toute la nuit.
Des gestes lourds
Des posés de manteaux fatigués
Ils repoussent les objets avec lassitude
Le monde est dans leurs gestes avec gravité.
Ce matin tu avais ces mouvements-là
Les choses avaient un poids
Le petit déjeuner était dense
Le monde était fragile
Important.

Pierre qui roule (Chanson)

J'aurais aimé parler d'une pierre
Qui roule et qui ne souffre pas
Malheureusement sur cette terre
Y'a un enfant maigre comme ça.

Avachi sur un tas de pierre
Il ne bouge pas trop, faut pas,
Son énergie est solitaire
Sa faim peut le faire tomber là.

Alors il fait rouler une pierre
Qui roule et qui restera là
Comme une trace dans la poussière
Une trace maigre comme ça.

J'aurais aimé parler d'une pierre
Qui roule et qui ne souffre pas
Je ne suis pas fier, soyons sincère,
De t'avoir vu et d'être là.

Car maintenant plus rien à faire
Toutes les nuits je te revois
Pieds nus assis dans la poussière
Les yeux tremblants et pas de froid.

J'aurais aimé parler d'une pierre
Qui roule et qui ne souffre pas
Mais il se trouve que sur cette terre
Un enfant meurt encore une fois...

Ce matin
Elle est crispée
Le front plissé
Toutes ses pensées sont dirigées
Vers la tension
Rien ne va plus
"Ce matin, rien n'est bien,
Le boulot me dépasse
Mon corps me torture
Le réel me titille
J'ai mille milliards de choses à faire.
Mes habitudes sont bousculées
Hier je n'ai pas fait ce que je devais
Aujourd'hui
Rien ne va plus."

Elle est figée
Autocentrée
Elle trouve que le petit déjeuner
A moins de goût.
"J'ai pris cent grammes
J'vais pas changer
Ma garde robe."
Elle file.

Elle commence sa journée en roulant pour détendre
Les petits nœuds qu'elle a faits
A sa pensée.

Tant pis pour ce midi,
Tant pis pour les mots jolis
Qu'elle ne lit plus.

Elle n'a pas vu
La couleur ambre qu'avait le ciel
Elle ne verra pas non plus
Les sourires qui courent le long des rues.

Elle doit régler des choses à elle.
Si le réel peut être drame
Il faut savoir aussi détendre
Les petites scories que l'on se fait.

Ce matin elle est crispée
Autocentrée.

Il y a des jours
Quand le soleil fait le chien fou dans le ciel
Où l'on se demande pourquoi
Aller travailler.
On prend son courage à deux mains
On enfourche sa bicyclette
Et l'on va faire œuvre de travailleur.
Puis il y a des jours
Où la chance, le hasard,
Un camion dérouté,
A peine la journée commencée
Qu'elle est déjà terminée.
Alors on se retrouve avec sur les mains
Toute cette envie laborieuse
Toute l'énergie accumulée
Qui ne sait quoi faire de sa journée.
S'asseoir à la terrasse d'un café ?
Lire un bon livre ?
Peut-être chanter ?
Ecrire des vers à mon aimée ?
Peu importe, il faut goûter
Le sel entier de la journée.

    Je m'allonge dans un rayon du chien fou
    Qui fait le soleil dans le ciel,
    Je rêve à tes gestes doux.
    C'est tout.

Il est l'heure
Du café chaud
Amer

L'heure du travailleur
Du couche tard
Les oiseaux du soir
Se taisent
Ceux du matin se lissent les plumes
En silence

Il est l'heure
De monter dans sa voiture
Faire vrombir le moteur
Passer le badge
Devant la borne du portillon
Qui s'ouvrira pour le labeur

Il est l'heure
Du nourrisson
Hélant sa pitance du matin
Le temps du camion benne
Qui fait du bruit
Des gyrophares oranges
Des gilets jaunes
L'heure du silence

L'heure du beurre qui casse la biscotte
Emiette la brioche
A la radio
Les infos s'agitent
Brouhaha incertain de nouvelles anxiogènes
Nous expliquant avec quelle sauce
Notre vie sera arrosée
Du levé jusqu'au couché

L'heure passe
Le soleil surgira bientôt derrière son nuage
Les rêves glissent
Ma douce dort encore
Mon corps se réveille
J'ai des fourmis dans l'encéphale
Je prête attention
Au monde qui bouge

Il est l'heure
Les enfants vont bientôt
Faire leur charivari vers la vie

Il est l'heure
Je me souviens d'un vers de Prévert

Je regarde
La cohorte du monde se met en marche
Pour produire, construire, user, polluer
Rêver, chanter, dormir encore un peu
Vivre

Il est l'heure.

Une nuit,
Une insomnie vous prend la main
Une nuit,
Vous ouvrez les yeux
Puis la fenêtre
Vous regardez au dehors
La lune qui brille encore
Les étoiles du matin
La fraîcheur.
Vous rêvassez…
Tout peut alors arriver.
Le hasard se glisse dans les interstices
Comme le sourire que l'on croise
La petite souris du vent.
"J'aime le hasard quand il s'entête
A être chance, tout simplement"...

GRAVILLON

J'suis qu'un gravillon
Qui roule sa bosse
Sur les routes
Sur les routes défoncées par les roues des carrosses
J'suis qu'un gravillon qui roule sa bosse
Un tout petit scrupule qu'a même connu la fée carabosse
J'suis un gravillon
C'est rien un gravillon
Ce n'est rien du tout
Un p'tit bout de caillou qui roule sa bosse
J'suis qu'un gravillon, ça roule, ça bosse
Ça fait de belles routes bitumées
De très jolies routes pour les carrosses
J'suis qu'un gravillon
Qui roule
Qui bosse.

Il y a des jours
Dans l'existence
Où l'on aimerait être une absence
Mais faut se secouer
Laver sa pomme sous la douche
Refaire réchauffer le café
Bien nettoyer son quotidien
Il y a des jours
Où je préfèrerai
Ne pas savoir ce que je sais
Etre innocent au point du jour
Effacer les sombres idées
Mais faut tenir
Bien se serrer le cœur
Droit
L'œil clair
Toujours regarder le bonheur
Sentir le vent dans les cheveux
Respirer
Respirer un peu
Doucement
Sentir les molécules glisser dans la poitrine
Goûter la chaleur du soleil
Apprécier le froid de la pluie

Sentir la vie
Qui coule
Qui passe
Comme une musique
Forte
Amère

    Peu importe
    Il y a des jours
    Et des jours
    Et des jours
    Et puis encore des jours
    Il y en aura encore
    D'autres
    Et d'autres
    Colliers de rosée sur une toile d'araignée
    Qui brillent du matin.

Je crois aux graines que l'on sème
Aux sourires fugaces
Du matin
Ce petit pétillement de l'œil
Qui dit :
Confiance
Il fera beau aujourd'hui
Et s'il pleut
On trouvera bien un parapluie
Ou un abri.

Je crois aux effleurements de mains
Sans mot
Juste en caresse
Ces souffles qui font frémir
En bien.

Je crois en l'humain
Dans ce qu'il a de doux
De suave
De maladresse
Sans méchanceté.

Je crois en l'échange
Aux cliquetis des verres de l'apéro
Au convivial
Qui fait musique avec nos différences

Je suis peut-être naïf
Je m'en fous
Je n'en ai cure
J'avance
Avec mon baluchon de confiance
Avec l'autre
Souvent sans comprendre
Juste en sachant
Qu'il y a toujours un après
Un après demain.

Je crois en l'écoulement du temps
Qui ne m'appartient pas.

Je crois aux mondes qui ne m'appartiennent pas
Et aux autres mondes
Qui viendront après
Et après encore
Et encore…

Etrange.

L'humain est étrange
Il court
S'amuse parfois d'un frémissement de comète
Se pose des problèmes mathématiques
Ethiques
Tragiques.

L'humain est étrange
Parfois il oublie de regarder
Tout près de lui
La petite plume qui frémit
Le souffle d'un soleil levant.

L'humain est étrange
Il se codifie l'encéphale
Pour réussir des choses difficiles
Il se pressurise l'occiput
Parce Que
Paraît-il
Il faut que la vie soit difficile
Il faut de la sueur et des larmes
Pourtant
L'humain est
Quand il se libère un peu

Juste un peu
Qu'il rêve
Un peu
Qu'il avance sans trop de difficulté
Sans même s'en apercevoir
Quand il ne se regarde pas dans le miroir
De son activité
Quand il fait simplement ce qu'il doit faire
Sans trop s'en faire
Avec un sourire aux lèvres
Un brin d'herbe qu'il mâchouille
Un petit air de rien qui fait que tout va bien.

L'humain est
Il peut s'envoler bien plus haut
Qu'il ne le croie.

Un quinze août
Il n'y a rien à faire
Rien d'autre que de regarder le monde passer
A l'endroit, à l'envers
Comme le linge dans le tambour de la machine à laver.
Pourquoi suis-je aller me fourrer
Un quinze août
Dans le tambour d'une machine à laver ?
Fichue graine de liberté
Qui tinte dans ma tête
Je me suis mis en situation
De perdre la raison.
Pourquoi me direz-vous ?
Mais enfin comme toujours
Pour la beauté d'un geste, d'un rire,
Le sourire d'une jolie…
Mais alors pourquoi se mettre la tête
Dans le tambour de la machine a laver
Un quinze août ?
Je suis lessivé,
Harnaché
Fourbu
Emu
Fracassé
Tendu
Je sifflote
Je suis mort
Je tombe

Je ris
J'ai peur
Cassé, brisé menu, concassé, vermoulu
J'ai l'impression d'être devenu mille fois papillon
Sans avoir eu le temps de faire une chrysalide
Un peu comme dans un tambour de machine à laver…

Un quinze août c'est long, long comme un jour férié
Les jours fériés, est-ce pour ne rien faire ?
Inexplicable état de délabrement dans lequel je suis.
Tout ça pour un quinze août…
La folie est toujours au coin du bois
Même un quinze août
Sans machine à laver.

Ce quinze août
Était une chouette journée
Pleine de rebondissement, de soleil
D'accents
J'ai même vu les pompiers
Quatre boulangers
Des contrôleurs
Un serveur compatissant
Un petit bout d'océan
Des bateaux perdus
Qui dépassaient de la ligne des champs
Et tout ce ciel pour s'y noyer…
La machine, je la ferai dimanche.

C'est un bâtiment
Un beau bâtiment
Bien carré, bien rond
Bien fonctionnel
Bien fait
Il a coûté bien cher
Il est moderne
Hypermoderne
Avec ventilation intégrée
Petit écran LCD
Parc de poubelles "je trie"
Avec plein de couleurs pour faire joli
Bilan carbone et discussion
Pour savoir qui met le pognon
Auto participation et auto-tamponneuse.
Là, je m'égare
Ce n'est pas un lieu de foire
C'est un lieu de vie
Autosatisfaction et bilan carbone positif
Bien propre car il est neuf
Bien neuf car il est propre
Il y a une jolie fresque dans le hall
Signée par un "illisible" célèbre
Qui n'a pas oublié de poser sa marque de propriété
Sur la copropriété.

Les accès sont bios,
Comme les jardins
Garages à vélos et patios conviviaux.
C'est un beau bâtiment
Comme un bateau des temps d'avant
Qui faisait tourner le vent en bourrique
C'est un beau projet
Bien fait
Bien écrit
Bien en avance sur son époque
Pourtant en pleine Synergie
Avec le réchauffement
Le participatif
Le collectif forcé
Le vivant d'aujourd'hui.
Le facteur trouve les boîtes aux lettres
Facilement
Pour les factures et les lettres,
Pour les mots d'amour ?
Il est sécurisé
Avec des codes
Des badges
Des codes encore
Des badges
Et des portes fermées.

C'est drôle
Je n'ai pas vu de linge aux fenêtres
Pas de graffitis dans l'escalier
Que des miroirs
"Qui ouvrent l'espace"
Où chacun peut se regarder évoluer
Dans un monde en changement…
C'est un bâtiment
Où je me vois dedans
Enfin seulement en reflet
Je vois mon reflet en dedans
Par contre
Je n'ai pas envie d'y vivre
Je veux des enfants et des mûres
Que l'on va chercher avec les doigts tachés
Du bois qui craque et qui respire
Quand on ouvre la fenêtre
Des rideaux qui volètent
Des insectes
De la poussière aussi.
A quoi bon avoir un balai
S'il ne sert à rien
De s'occuper de son espace…
Mais c'est un beau bâtiment
C'est sûr
C'est même certain
Bien fait
Bien fait pour lui.

Nous en avons des solitudes
Un bon paquet
Comme ces lettres anciennes
Dans un ruban de soie
Poussiéreuses et sensibles
Histoire de parler de soi…

Nous en avons des îles désertes
Parfois on espère la venue de quelqu'un
Un festin chaud et chaleureux
Avec du vin, de la musique,
Des temps où nous regardons la vie
Avec plaisir.

Nous en avons des solitudes
Elles se promènent dans le paysage
Nous les regardons avec nostalgie
Amour
Passion
Mélancolie.

Nous en avons des solitudes
Qui font des strates
Des empilements
Des tours de Babel d'incompréhensions
Des édifices s'écroulant au moindre désagrément.

Nous en avons des solitudes
En vrac, au pichet, au verre
Nous les caressons
Elles se dressent dans les nuits noires
Ou les soleils matinaux
Elles claquent sur les épaules
Franches comme des mains amicales
Qui tentent désespérément
De nous faire sortir de nous-mêmes
Regarder ailleurs.

Nous en avons des solitudes
Comme une harmonique du monde
Un bout de la vibration
Un écho.

Nous en avons des solitudes
Belles comme des romans
Histoires que l'on se raconte à soi-même.
Nous ne sommes jamais seul
Pourtant nous en avons des solitudes
Un gros paquet
Elles n'ont besoin du groupe
Que pour s'exprimer
En creux.

Nos solitudes parlent des autres.
C'est de l'intimité
La solitude
De l'intimité que l'on partage
Avec un autre
Tout en sachant qu'il n'y comprendra rien
Car c'est le jeu du monde
Nous ne comprenons jamais vraiment l'intimité de l'autre
Nous l'acceptons
C'est déjà bien
Nous en avons des solitudes…

Où sont-ils nos poètes
Nos arracheurs de rêves
Nos pousseurs de frontières ?
Où sont-ils les rêveurs
Les oiseaux du plaisir qui repoussent la peur
Ou bien qui l'apprivoisent ?
Ils sont là
Tout autour de nous
Au coin de la rue
Dans un geste souriant
Une bienveillance de l'œil
Dans la colère qui gronde face à toutes les injustices
Dans l'accord de guitare saturé
Dans le bruit du marteau qui construit
En rythme
Rajoutant des paillettes à l'instant.
Ils sont ici
Têtus
Ils sont là-bas
Tenaces
Se tenant les bras pour faire barrage à l'ordre
Dogmatique.
Ils sont en chacun d'entre nous.
Comme tout va s'effondrer
Ils vont réinventer
Des matins qui commencent
Ils vont sortir leurs plumes
Pour nous aider à nous envoler
Réinventer les mondes sans poésie n'est pas possible
Ce n'est que du calcul.

Nous avons besoin de cette licence poétique-là
La liberté du souhait
Du mot mal orthographié
La liberté de l'erreur
De l'expérience du sourire et de l'égarement.

Où sont-ils nos poètes ?
Dans des livres
Nous parlant en un vers de l'écoulement du temps
Du changement des choses.
Comme tout va s'effondrer
Ils reviendront en masse
Ils lèveront leurs mains amicales
Ils chanteront la vie
Ils seront là encore
Demain, après demain,
Dans le souffle de l'enfant qui s'endort
Après demain encore
Ils magnifieront les peines
Les joies
Les colères
Ils pointeront en nous
Les défauts prosaïques.
Où sont-ils nos poètes ?
Dans les miroirs du matin
Quand nous nous regardons au lever du jour
Après l'amour
L'œil étincelant d'espoir.
Ils sifflotent
Nous n'avons qu'à tendre un peu l'oreille

Ils ne sont jamais loin
Nos arracheurs de rêves
Nos pousseurs de frontières
Ils vont se lever en masse
Le monde craquera comme grince le bois
Quand il devient vivant caressé par le souffle de l'air.
Quand tout s'effondrera
Car tout s'effondrera
Ils seront là.
Ils n'ont que cela à faire
Être.
Et nous ?
Nous réinventerons alors les mondes
Portés par les chants des rêveurs, des jardiniers du vivant,
Semeurs de graines.
Peut-être alors saurons-nous, à notre tour,
Être
Des pousseurs de frontières
Des cueilleurs de l'instant
En riant.

Vite, vite
Réveillé par le sourire de la belle
Vite, vite, vite
Il faut se dépêcher d'aller
Au fil de la journée
Vite, se concentrer
Sur les mille et une activités
Humaines de la fin de semaine.

Oh là calme toi, lui dit-elle,
Aujourd'hui c'est samedi,
Tu peux rester au lit
Tranquille
Tu peux faire du bateau dans les fontaines des parcs
Ou même jouer du cerceau, aujourd'hui, on délasse.

Il se prélassa,
Dans son lit,
Jusqu'au samedi midi.

Nous sommes des Don Quichotte
Sans moulin à vent
Sans moulin après
Sans moulin
La société de consommation
Nous offrant nos désirs inventés
Oublie les moulins a vent
Elle nous offre des monstres classiques
Pour nous souder
Des boucs émissaires tous trouvés
Pour que nous ne quittions pas notre CSP
Bien ciblée
Bien reconnue pour bien vendre
Mais elle oublie
Les moulins à vent
Les monstres de nos enfances
Qui nous construisent et nous rassemblent
Elle oublie
Ce n'est pas vendeur
C'est notre lien
Le regard de l'autre
Qui nous construit
Pas l'artefact.

Nous sommes des Don Quichotte
Sans moulin
Sans espoir
Sans envolée lyrique
Nous laissons le lyrisme aux spécialistes
Nous laissons la joie et l'enthousiasme
Aux experts
Nous sommes des consomm'acteurs
Mot détestable.

Nous sommes des Don Quichotte
Ne l'oublions pas
Maladroits
Epiques
Des faiseurs d'étoiles
Dynamiques
Des fabricants de rois et de tyrans.
Nous sommes des rêveurs
Formatés, maintenant qu'il y a la publicité…

Je suis un Don Quichotte
J'ai mes moulins à vent
J'ai aussi une Dulcinée
Tous les rêves du monde en moi
L'envie de croquer la vie
De me changer pour m'améliorer.

Je suis un Don Quichotte
Nous avons besoin d'un au-delà du monde
Qui nous entraîne.
A vos rêves !
Astiquez les canons de la passion.

Nous sommes des Don Quichotte
Nous devons nous lever fièrement
Mettre à bas cette cohorte
D'intérêts privés qui nous gouvernent.

Redevenons enfin
Don Quichotte
Juste pour faire briller les yeux des enfants
Ou pour la Dulcinée,
Ou pour le geste.
     Pour le bonheur d'être vivant.

Que voulez-vous ?

La lune.

Rien d'autre ?

Non, juste la lune.

Pour le reste

Je me débrouille…

On ne peut pas s'apprivoiser
Si l'on ne prend pas le temps
Le temps qu'il faut
Le temps qui passe
Avec ses armes de sable et de lierres
Féroces
Terribles comme un coup d'orage en montagne
Ou une bourrasque sur la mer.

On ne peut pas s'apprivoiser
Si l'on ne fait pas les gestes
Les gestes doux
Si tendres
De précaution.

On ne peut pas se parler
Si l'on ne laisse pas nos armes
Accrochées
Aux murs de nos incompréhensions
Multiples, éphémères
Inutiles.

Nous ne pouvons pas échanger
Si on ne laisse la place
A l'autre.
L'autre soi
Avec nos maladresses
Nos égarements d'humains.

Pour se parler
Faut écouter
C'est pas simple
C'est pas facile
C'est compliqué.

Pourtant
Il suffit juste de s'entendre
Tendre.

On ne peut pas s'apprivoiser
Si l'on ne prend pas le temps
Le temps qu'il faut
Le temps qui passe.

On m'a dit
C'est pas d'sa faute
C'est la toiture
Enfin
C'est pas à moi qu'on l'a dit
C'est aux parents
J'étais petit
J'ai pas compris
Je me suis dit
Tiens, j'ai des fuites
C'est normal de faire pipi au lit
Ils avaient l'air grave
Sérieux
Moi
J'me suis dit
C'est la toiture
Je suis foutu
Ça va glisser sur tous les murs
Bouffer les fondations
Se voir au jour
Comme les murs couverts de champignons
Comme si je vais mourir
Ou mourirai
Normal
J'étais petit.

Eux
Les grands
Ils avaient l'air très sérieux
Tellement sérieux
Que j'ai vu que c'était important
Alors je me suis tu.

Puis j'ai grandi
Je n'ai pas fait pipi au lit
Si longtemps
Mes fondations n'ont pas pourri
Bien au contraire
Je fais le fier
Comme une belle plante bien arrosée.

Alors
Il suffit de changer les draps
C'est comme cela
Des fois on glisse
C'est pas exprès.

La peur
La fameuse peur
Celle qui paralyse
Empêche de faire
La peur
Celle qui rétrécit le regard
La peur
Qui empêche de réfléchir
La peur
De perdre son travail
De ne pas payer son crédit
D'être en faute
D'être un mauvais père
Une mauvaise mère
De mauvais parents
De mauvais salariés
De mauvais citoyens
La peur de n'être pas dans le groupe
La peur d'être exclu
Rejeté.
La peur qui fait voter
La peur qui fait pleurer.
Avec cette peur-là
Nous fabriquons un monde effrayant
Où l'individu ne parle plus de lui
De ses rêves
Le soir
Avec ses amis.
La peur du jugement
Un monde de soumissions

D'ordres ridicules
De petits doigts sur la couture du pantalon
Un monde où l'être ne se corrige pas en fonction de lui
Mais en fonction des "a priori"
Des "on m'a dit"
La peur de l'action qui tombe en bourse
Faudrait déjà en avoir des actions
La peur de l'autre
La peur de moi
La peur de toi.
La peur n'a jamais évité le danger
Je n'ai pas peur que tout s'effondre
Je n'ai pas peur de perdre mon travail
Je n'ai pas peur de perdre ton amour
Je n'ai pas peur de m'ennuyer
Je n'ai pas peur de rire
Je n'ai pas peur de vivre
Je n'ai pas peur d'être
Ecrivez
Chantez
Riez
Dansez
Courez
Avec tout ces Z à la fin
On fera un beau troupeau de zèbres
De gens bienveillants et heureux
Les autres
Feront du tricot
Ou des dominos…

Mon enfant rigole
Cela fait comme l'eau en été qui coule sur les pavés
Se rassemble dans l'encoignure du sol de la rue
Entraine les feuilles, les mégots
Les bouts de plastique des sucettes
La poussière du temps qui passe…
Mon enfant rigole
Se moquant de tout
De moi
Cela m'énerve
Pourtant
Il est juste
Il rit du vent qui souffle
Qui entraine les secondes
Il rit de mes ordres obsolètes
Dis dans des mots du passé.
Mon enfant rit
Invente le monde à chaque rayon de ciel
Juste heureux d'être.
Comme j'aimerais encore être cet enfant
Qui rigole
Se moque
Sourit
Voit la libellule
N'écoutant même pas mes conseils si sages
Si sages.
Mon enfant est,
Laissons-lui le temps de vivre heureux…

Se séparer
Se réunir
Se séparer
Se réunir
Mouvement incessant des vagues du désir
Du sentiment
De l'amour
Se toucher
Se caresser
Rire aux éclats
Porter les peines
Porter les plaintes d'un au-delà
Au-delà de soi-même
Soi aime
Souffler derrière l'oreille
Remuer doucement la boucle des cheveux
Se séparer
Se réunir
Faire tous les chemins du monde
Se trouver
Se perdre
Rire encore
Se séparer
Se réunir
Ne pas porter de culpabilité à être
Juste exister et pardonner
Laisser ainsi le monde ouvert.

Il faut
Il ne faut pas
Prendre les mots
Au pied de la lettre

Il ne faut
Il ne
Faux pas
Trébuchement dans les tapis de la compréhension
Prendre les choses
Aux pieds levés

Il faut
Il ne
Faux pas
Quoiqu'il arrive
On fait ce que l'on peut
Avec un pied en l'air
L'autre par terre

Il ne
Faux pas
Faut pas
Trébucher sur ces mots-là
Ils ne sont que des mots
Imparfaits
Qui tentent
Maladroitement
De mettre
Des lignes droites où nous ne sommes que courbes

Glissement élégant de notre humanité
Pli du costume trop bien taillé
Nous ne sommes que des ajustements
Des "à peu près"
On fait ce que l'on peut
Avec ce que l'on a

Il faut
Il ne
Faux pas
Nous ne sommes que cela
Des équilibristes chancelants
Au moindre "faut pas"…

Il y a

> Il y a mille et une raisons de vivre
> Mille pour le bruit et la fureur
> Une seule pour soi-même
> Mille pour les amis
> Pour les rires
> Pour les pleurs
> Une pour mon propre cœur.

Il y a des myriades
De lumières
D'étoiles chantantes et envoûtantes
Des milliards de possibilités
Une pour mon propre cœur.

> Il y a mille et une raisons de vivre
> De chanter son bonheur
> Une pour mon propre cœur.

Il y a
Des milliards et des milliards
De façons de lever les yeux vers un ciel
Il y a
Des multitudes de ciels
Un pour mon propre cœur.

　　　　　Il y a
　　　　　Des croisements, des carrefours
　　　　　Des chemins perdus qui traversent
　　　　　Nos égarements, nos tendresses
　　　　　Un pour mon propre cœur.

Il y a
Tant et tant de routes
Qu'il faut tant et tant de cartes
Une pour mon propre cœur.

　　　　　　　　　　　Il y a

　　　　　　　　　　　Que chacun
　　　　　　　　　　　trouve son
　　　　　　　　　　　propre cœur.

J'ai le moral qui joue de la chaussette
Tire bouchonnée
Sur mes baskets
Je sais même plus où sont mes pieds
Tellement le moral joue fort et dur
J'ai le moral qui fait sa flotte
D'amiral par gros temps d'effort
Tous les bateaux tanguent et puis coulent
Nom d'une sirène
Il y a trop de houle
Trop de grains dans cette machine
Qui semblait tourner si bien
Prendre l'huile dans les usines
L'huile du temps humain
Pour fabriquer
Des téléphones
Des machines à laver le papier
Des interphones pour ne pas communiquer
Des écrans pour se faire regarder
Des stylos effaceurs
Des musiques à ne pas écouter
Des achats avec des bons cadeaux
De drôles de trucs dans ce radeau
De la méduse consommation
Saloperie de virus
Qui vient tout détraquer
Juste parce qu'il aime se balader
Entre les humains

Créer des liens
Etrange paradoxe de la liberté de circuler
J'ai le moral qui joue de la chaussette
Trouée
Mon chat s'en fout
Lui
Il joue de la moustache.

J'aime un poète
C'est ce qu'elle a dit
Croyant les fifres et les tambours
Les chants guerriers
Les belles enluminures
D'antan
Les images colorées et tentantes
Que l'on vend aux enfants
Elle croyait au prince charmant.

Lui,
C'est la vie
Tout bêtement
Tout simplement
Qu'il offre aux fleurs du vent
Aux pâquerettes
Et autres noms latins compliqués
Qui font le plaisir des botanistes
Et des savants.

Elle
S'est étonnée
Qu'il ne tue pas les dragons
Ni les méchants.

Lui
Est tout surpris
Que l'on attende tant de lui
Alors que
Finalement
Tout le monde fait ce qu'il peut
Avec des chansons d'enfants
Des bruits de tambours entrainant.

Lui ou elle
C'est toi et moi
Ou
Je et il
Ou bien n'importe quoi
C'est comme des bouts de solitude
Qui s'assemblent
N'importe comment
Au hasard de nos libellules
Dans les chemins creux
Des châteaux
Ou des trottoirs
Des ensembles dressés et froids
Qui font aussi nos renoncements
Dans les grattages de ces puces
Qui nous regardent
Mécaniquement
Innocemment.

Lui ou elle
Quelle importance
De part et d'autre
Tout n'est qu'errance.

Mon chat
Lui
A tout compris
Il ne dit rien
Pas maintenant
Il ronronne
Car il a tout son temps.

Ce sont les marges qui font l'écrit
Ce sont les marges qui font les cris
Ce sont les fous qui font la norme
Aussi.

                    Je suis le fils de la révolte
                    Du vent, de la fausse note
                    Du grincement de l'archer
                    Du plissement du papier
                    Du nid de poule sur la route
                    Qui fait de sacrées déroutes.

Je suis enfant du hasard
Du souffle qui frise dans le noir
Peur de l'inconnu qui frôle
Les cheveux.

Je suis la colère têtue
Celle qui ne s'oublie pas
Celle qui descend dans la rue.

Je suis
Je ne suis plus
Pourtant
Au chant du vent qui amplifie
Les gestes des colibris
Je suis la vague qui monte
Pour briser vos châteaux têtus
De rentabilités exquises.

Quand tout cela sera passé
Attention
Mon chat aussi
Sera dans la rue
Elle ne sera pas grise
Mais colorée
Arc-en-ciel
Bigarrée
Un peu comme une terre promise...

Un air de jazz
Doux dans le soir
Qui
Tranquille
Swingue doucement
Dans les vapeurs de la fatigue du jour
Une guitare
Un verre à la main
Une étoile qui s'allume
La chaleur du soleil qui laisse ses traces

Un petit air de jazz
Tout va bien
Mon chat ronronne
Le temps de la rêverie
Du lent défilement inutile de la pensée
Que c'est bon
Tranquille
Mon chat se moque
Je le vois bien

Un air de jazz
Pas plus
Pas moins.

La parole est une graine...
Elle marche
Droite
Bien droite dans ses bottes de certitude
Le coude serré sur le sac à main
Faudrait pas qu'on lui vole
Alors elle marche
Bien droite
Bien vite
Faudrait pas que les autres
Les différents
Les "pas comme nous"
Lui prennent
Sa graine de certitude
De vérité
De rassurance
De contrôle
De "Je sais de quoi je parle !"
Qui rassure.
Alors elle met ses lunettes noires
Bien grosses qui durcissent le regard
Montrent qui est le maître
Pour être sûr
Que l'on écoute...
Mais en fait elle marche
Comme nous
Comme nous tous
Dans l'incertitude du lendemain

Et lui ?
Il fait pareil
Il frime un peu
Parce qu'il est l'homme
Donc plus fort
Comme dans les pubs ou le beau mec fume des clopes
Fier d'être viril
Cancéreux
Mais en fait
Ils marchent
Ensemble
Avec la peur qui noue le ventre
Pas certains de traverser la rivière
Du monde qui vient...
Ils marchent
Ensemble
Main dans la main...
Ils me rappellent ces enfants qui jouent à l'aventure
Mais ils sont fous
Ils ne sont plus enfants
Pourtant ils marchent
Droits
Tout bien remplis de certitudes...
Leurs décisions sont lourdes de conséquences
Mais comme ils marchent
Bien en avant
Ils ne voient pas
Les mauvaises traces qu'ils laissent.

Alors
Ils marchent
Bien droits et bien devant.
J'aimerais tant qu'ils aiment flâner
Écouter le vent dans les arbres
Siffloter le rossignol
Regarder le rire de l'enfant...
Mais non,
Ils marchent...
Certitude du monde qui vient
J'ai peur d'eux
Ils marchent…

Nous sommes des éléphants de porcelaine
Dans le grand magasin du monde
Fragiles porteurs de peine
De désarroi, parfois d'immonde.
Des éléphants de porcelaine
Incapables de voir les fissures
Qui nous assènent et nous malmènent
Au point de ne plus croire au monde
Aux heures blondes
Qui nous nourrissent comme des graines
Des éléphants de porcelaine
Qui transportent peu à peu des haines
Qui nous détruisent et nous inondent
Noyés par tant de fragilités
Des éléphants de porcelaine
Fragiles comme ce fil de laine
Qu'il faut tirer pour se sortir
Des magasins de porcelaine
Des labyrinthes de nos désirs
Sans pour autant détruire le monde...

On nous
Rabassine les oreilles
Avec le monde d'après
Le monde d'avant
On nous
Troublionne l'encéphale
Avec les mots d'avant
Les mots d'après
On nous bouscule
Sans tendresse
Sans bienveillance aucune
Avec les certitudes de toujours
Il suffit de regarder la lune
Pour voir
Qu'elle n'est jamais la même
Pourtant
Nous la regardons toujours avec la même passion
D'être vivant.
Alors
Laissez-moi
Rêver en paix
Je vis au quart, au tiers, à la quinte même,
Au tout du monde
En bousculant des cumulo-nimbus
Des souffles absurdes qui me font rire
Comme ce hérisson qui gonfle des ballons
Les rangeant sur son dos
Ou cet hyppopotamus qui fabrique

De la porcelaine
Avec ses doigts de fées
Qui fait
Des aquarelles
Ou ce tigre végétarien
Qui ne fait rien ici
A part être là
Pour le plaisir.

Laissez-moi être là
Pour rien.

Puisque le monde roule sa bosse
Ça bosse pour les carosses
Pour l'Eros
Pour les mots infinis que l'on ne comprend plus
Pour la jolie fleur des bois
Qui frime un peu
Elle en a aussi le droit
Puisque les humains sont aveugles
En montrant du doigt
Puisque c'est comme ça
Au hasard de l'infini brouette de Prévert
Comprenne qui pourra
Hip Hip Hip hourra
Je m'en vais tourner mes rêves
Vers qui de draps
Hip Hip Hip hourra
Cela n'a plus de sens
Que voilà
La jolie fée clochette
Hip Hip Hip
Patatras.
Couché sur le peu d'herbe tendre qui reste
Je vais
Doucement m'éprendre
Du peu qu'il nous reste
La senteur désespérée d'une abeille qui nous fait
Le pied du nez
Comprenne qui pourra.

Ah,
Le barrage républicain
Le fameux barrage républicain
Fruit de deux cent ans d'études
De recherches, prospective
Et beaucoup de marketing.
Un barrage qui fonctionne à l'énergie républicaine
Avec la sueur aussi
Parce qu'il faut bien le mettre en forme
Tout ce béton
Républicain qui donnera de l'énergie République…
Grâce à ce barrage républicain
Nos ingénieurs se font fort de transformer
Notre vivre ensemble
Un système fonctionnant en synergie
Sans oublier les territoires
Ni ma tante Berthe
En synergie avec les citoyens
Et les chats aussi
Saloperie,
Même les chats ils les ont achetés.
La vache,
Je sais plus de quel coté de ce foutu barrage je dois vivre
Moi qui ne souhaite que l'entente entre nous, vous, tu, il
Ah,
Mais soyez tranquille
Le barrage républicain nous protège
De la chienlit

D'internet
De la 5 G
Des Paso Doble dans les bals le dimanche
Les bals c'est un vieux truc
Pardon,
Je suis dépassé
J'ai juste envie de dire bonjour à mon voisin
Sans m'en prendre une
Déjà qu'avec le prix du hareng à poils durs qui augmente
Les restrictions sur les bons obligataires à court terme
Et mes douleurs dans le dos
Le temps s'accélère vachement vite en ce moment.
Donc,
Le fameux barrage républicain
On est nombreux
On se sert tous très fort
Et on retient l'eau…
Avez-vous déjà essayé de retenir de l'eau ?
Ou du sable ?
Déjà ma vie
J'ai du mal à la tenir
Alors,
Le barrage républicain…
Là je sais pas,
Faut déjà que je panse mes griffures
Mes brûlures
Il me faut des swings manouches dans des ciels d'étés
Des boissons chaleureuses

Du temps pour regarder et vivre
Le fameux barrage
Qui fonctionne à l'énergie République
Je ne pensais pas qu'un barrage républicain était à ce point
De l'énergie renouvelable
Tous les cinq ans
Le barrage pour fonctionner à l'énergie République.

T'es avec moi,
T'es contre moi,
Sinon,
Ou bien,
T'es avec moi,
T'es contre moi,
Sinon,
Rien.
Nom d'un dieu étranger au nom exotique,
Pourquoi faudrait-il être pour,
Ou contre,
Pourquoi faut-il être,
D'un côté,
Ou de l'autre,
Et puis c'est quoi cette barrière,
Entre ici et là-bas,
Cette sacrée, nom du dieu exotique,
Barrière
Qu'il ne faudrait point franchir.
T'es avec moi,
Ou contre moi,
Sinon,
Ou bien,
T'es avec moi,
T'es contre moi,
Choisis ton camp,
Choisis-le bien !

Nom d'un dieu exotique, ou étranger,
Ou même nom de pas de dieu du tout,
Pourquoi toujours marquer
Que l'on est d'un côté
Ou de l'autre,
C'est quoi cette étiquette
Ce manquement de la cervelle
Qui nous empêche de voir belle
La vie du champ d'à côté.
T'es avec moi,
T'es contre moi,
Moi j'm'en fous,
J'vais faire un câlin à ma belle,
Je sais qu'elle est tout contre moi,
Avec moi,
Que cette satanée barrière,
Nous la mettons tous deux à bas.
Alors,
T'es avec moi ou contre moi ?
Nom d'un dieu étranger, exotique,
Bariolé, sympathique,
On crie, on hurle de tous cotés…

Le vendredi ou la vie sauvage

Hier,
Sous un porche,
A l'heure ou les gens pressés du bureau vont déjeuner,
Il y avait,
Couché sur la pierre,
Un homme.
Il ronflait d'un sommeil alcoolique,
Pas rasé, tout fripé,
Posé comme un vieil objet dont personne ne voulait,
Comme ces encombrants que l'on laisse
Sur le trottoir pour que les éboueurs les ramassent.
Que penser d'un monde, d'un groupe,
Qui laisse sur le pavement un humain
Comme un objet usagé ?
J'étais plein de bonheur,
J'allais te rejoindre pour grignoter,
Et j'avoue que je ne savais quoi faire
Face à cet humain jeté à terre.
J'avais envie de crier une rage inutile,
Inutile car isolée de ne pouvoir aider
L'humain insatisfait.

Mais le monde est ainsi fait,
Il laisse les fleurs fanées de sa productivité
Pourrir et nourrir sa machine à broyer.
C'est étrange,
Il aurait été endormi sous un arbre,
J'aurais pensé :
"Tiens, un humain qui se repose"
Mais le béton, le bitume, la ville,
Simplement un humain usagé.

Toi
T'es pas né dans la pluie
T'es pas né sous le soleil
Toi c'est pas pareil
T'es un peu comme d'ici
Même si ton œil du soir
Est étrange comme un feu
Qui attire dans le noir
Les bateaux malheureux.
Toi, t'es pas d'ici
T'es même de nulle part
Tellement y'a ta vie
Qui te suit au hasard
Tu traînes ton baluchon
Ta petite sœur des pauvres
Au gré des compagnons
Que t'offrent les villes mauves.

Toi, t'as surtout des rires
Qui font croire en l'avenir
Des bribes d'espérances
A faire pleurer la chance.
Si y'avait pas des salauds
Pour te dire dans le dos
Qu't'es vraiment pas d'ici
Ni d'ailleurs, d'autre part...

T'as alors de la pluie
Qui frappe tes épaules
Pour réchauffer tes nuits
De grands verres de gnole
T'es pas né dans la pluie
T'es pas né sous le soleil
Toi c'est pas pareil
T'es un peu comme d'ici.
Et même si t'es d'ailleurs
Ou même d'autre part
T'as quand même un cœur
Qui te parle au hasard.

T'es pas né dans la pluie
T'es pas né sous le soleil
Toi c'est pas pareil
T'es un peu comme d'ici.
Tu t'en fous y'a la vie
Et ses rayons de soleil
Cette fille si jolie
Pour qui rien n'est pareil
Alors tu te sens de là
Ou d'ailleurs, peu importe
Car elle est à ton bras
La belle qui réconforte.

Mais y a toujours un mais
Qui n'est jamais le même.
Au joli mois de mai
Se perdent les je t'aime.
Toi, tu déambules
Alors obscurément
En égrenant les bulles
De tout un océan
Mais ainsi va la vie
Au gré des innocents
Sans souci, éperdue,
Elle te fauche le temps.

Je suis fou
Fou d'être vivant
De croire en l'humain
De voir la vie
De laisser les choses arriver
D'aller nu sous les quolibets
De ne pas avoir peur d'être
Je suis fou
Fou d'accepter la violence et la bêtise
Je suis fou
De laisser les gens être
Je suis fou
De croire en l'humain
Je suis fou
Mais au moins
J'essaie d'être moi
Et ce n'est pas facile tous les jours
Surtout pour moi qui sais qui je suis...

J'ai du mal à lâcher ma peine
      Fais courage
J'ai du mal à lâcher tristesse
      Fais courage
Vieille compagne des jours passés
      Fais courage
Qui me fait marcher
Le dos vouté
Sur le coté
      Fais courage.
J'ai les yeux qui piquent un peu
      Fais courage
Les mains qui se crispent
      Fais courage
La pluie qui glisse sur les joues
Fait courage
Comme un matelas de lumière
Sur le coté.

Alors je fais courage
Sans rien voir de ce qui passe
Autour de moi
Je fais le fier dans la lumière
Histoire de raconter des histoires.

J'ai du mal à lâcher ma peine
J'ai du mal à lâcher tristesse
Vieille compagne des jours passés
Sur le coté
Le dos vouté
     Fais courage !

J'ai fait mes rides
Aux coups du burin du temps qui passe
J'en ai trop dit
J'en ai trop fait
Toujours cette remarque qui hante

J'ai fait mes rides
Je suis mauvais
Je suis fragile
Je suis l'anxieux
Je suis traîné par mes peurs
Au fond des nuits insensibles
Je pleure le jour
La perte de mes amours
Ou la joie de les voir heureux

J'ai fait mes rides
Je suis un poids
Je suis l'enclume
Le méchant qui décide
Le salaud qui quitte
Le monstre qui dit sa vérité

J'en ai des rides
Qui marquent le pli de mes nuits
L'onde longue des rêves d'insomnies
La rosée du sentiment qui hante.

J'ai fait des rides
Avec mes coups de gueule
Marin d'eau douce
Rêvant d'espace océanique
Coup de tabac du temps qui file.

J'ai fait mes rides…
Chaque jour.

Prenons le temps d'être vivant, bien portant
Prenons le temps du soin de nous
Prenons le temps d'être souriant
De voir briller l'œil de l'autre
L'alter ego qui désaltère

Prenons le temps d'être vivant
De regarder autour de nous
De voir passer aussi le vent
L'oiseau qui s'en fout du temps

Prenons le temps d'être vivant
C'est pas très long, une vie, pourtant

Prenons le temps d'être vivant
Le destin de la feuille morte
Est d'être emportée par le vent
Il y aura d'autres printemps
Des feuillages pour l'ombre
Et des parfums de fleurs

Prenons le temps des jours heureux
Les jours vivants

Prenons le temps d'être vivant...

Courir
Ivre de vent
Vivre
Vivre devant
Les cheveux au fou du ciel
Ecartelé de désirs
D'irréel
S'enivrer d'exister
De souffler de la brume
Les jours d'hiver
De suer
Sentir son corps
Ses efforts
Cabrioler ses rêves
Courir
S'essouffler de bonheur
Eclater de rire
Partager des soupirs
Vibrer
Chanter
Ne jamais se taire
Vivre comme on nait
Dans un cri.

J'ouvre les portes…

Je remercie la Mouette pour l'assiduité de son vol, sa constance dans la lecture, relecture, mise en page et affection.